Gilles Gaudé

Le b à ba des lois célestes ou le bien être de l'homme

Gilles Gaudé

Le b à ba des lois célestes ou le bien être de l'homme

Éditions Vie

Imprint

Cover image: www.ingimage.com

Publisher:
Éditions Vie
is a trademark of
International Book Market Service Ltd., member of OmniScriptum Publishing Group
17 Meldrum Street, Beau Bassin 71504, Mauritius

Printed at: see last page
ISBN: 978-620-2-49529-5

Ce petit livre n'a pour but que de faire un survole sur l'au-delà et ces mystères, il faudra donc approfondir chaque point par des lectures précises. Lorsque l'on approche pour la première fois ce sujet nous sommes un peu désemparer voir perdu. La peur peu même survenir et ceci est normal car lorsque nous sommes dans l'inconnu cela entraîne un reflex de défense. Toutefois la plus grande prudence sera toujours nécessaire afin de ne pas tomber dans les embûches du débutant.

Je suis magnétiseur depuis plusieurs années et beaucoup de questions me sont posées lors de mes consultations et ma pratique m'amène aussi à me les poser. Le magnétisme qu'est-ce que c'est ? Qui sommes- nous ? Existe t'il quelle que chose d'autre que le visible, l'apparence ?

Il n'y a certes pas une seule réponse à ces questions. Je vais juste vous présenter ma vérité, celle que j'ai découverte par mes expériences, mes lectures et mes rencontres.
Il s'agit de ma propre vision, qu'elle soit pour vous une porte pour vous aider à créer vos expériences et trouver vos propres réponses.
Je vais aussi vous parler du Divin, n'y voyez aucune connotation religieuse. Seulement une force supérieure.
Ce Divin a été dévoyé par les hommes qui en ont créé des religions et des croyances pour des fins personnelles avec tous ces déboires voir atrocité.

Toutefois dans chacune des principales religions et croyances les bases sont toujours présentes :

- Omni science : bouddhisme
  (méthodes et techniques pour l'élévation de l'esprit et l'éveil de l'âme)
- Omni conscience : christianisme
  (basé sur la foi, croyance totale de l'élévation de l'esprit et l'éveil de l'âme)
- Omni présence : islam
  (basé sur la pratique de la prière et la pensée continuelle de la relation avec le créateur)

ENERGIE

Nous sommes énergie

Tous être ou chose émet une énergie aussi appelé **vibration énergétique** celle-ci peut être mesurable à l'aide d'un pendule sur l'échelle de Bovis appelé unité bovis. D'autre énergie sont plus facilement décelable grâce à la technologie, comme par exemple l'uranium qui est un minéral émettant des ondes énergétiques que nous appelons plus communément de la radioactivité.

Si l'on pouvait regarder la terre dans sa globalité on apercevrait un belle astre bleu, en reculant un peu on voit la lune a quelques milliers de kilomètres, en reculant encore on voie le système solaire. Celui-ci se trouve englobé dans des milliers d'étoiles incorporées dans une galaxie qui se trouve dans des milliers d'autres ayant comme résultat peu de matière pour énormément d'espace, qui lui semble vide mais qui maintient tous ce système en équilibre.

En examinant le corps humain entre autre avec un microscope dans l'infiniment petit , on s'aperçoit qu'il est constitué de cellules formées d'ADN, lui-même constitué de gêne, constitué de molécules, et les molécules sont créés avec des atomes.
L'atome se forme d'un noyau centrale autour duquel tournent des électrons avec un espace de 10^5. Le volume de l'atome est alors constitué *de* 99;999 *pour cent* de vide.

Nous retrouvons de nouveau cette espace qui semble être vide et pourtant maintient tout ce système en place qui pour finir est rempli d’énergie.
Car Toutes les matières émettent de l’énergie donc l'homme émet aussi une énergie, et celle-ci se trouve altérée lors d’une maladie ou un accident.
Ce déséquilibre peut être interprété de la manière suivante en trois états.

L’équilibre du tabouret

Équilibre 3 pieds 3 états

Pour cela il faut concevoir trois états distincts que j'appellerais le processus de création.

Le premier le corps physique, le deuxième l'esprit et le troisième l’âme.
Ces trois états peuvent être représentés comme les trois pieds d'un tabouret. Le tabouret est toujours stable il ne boite jamais, par contre si il y a un pied plus court il sera toujours stable mais le plan sera déséquilibré. Le tabouret penche du côté qui fait défaut.
Nous retrouvons la même chose chez l'homme.
La solution au problème est de trouver le moyen de remettre les trois états à la même hauteur puis de les élevés ensemble.
Le magnétiseur peut être une de ces solutions pour rééquilibrer les 3 pieds.

Un Processus de création

Corps	Esprit	Âme
dans la même action	dans la même parole	unis dans la même pensée

Corps Esprit

Ame unis dans la même action, unis dans la même parole, unis dans la même pensée(les 3 en même temps égal réalisation rapide de réussite, guérison, but,,,,,)

Notre âme permet à notre esprit d'agir directement sur notre corps de chair et afin de pouvoir interagir correctement dessus il faut pour cela être capable de les discerner.

Comment reconnaître ces trois états

corps : argent, sexe, pouvoir, biens, stimulation et satisfaction physique, sécurité, renommée, gain financier

esprit : compagnonnage, créativité, stimulation nouvelles pensées, nouvelles idées, nouveaux buts, nouveaux défis, croissance personnel.

âme : identité spirituelle, dessein de la vie, relation avec dieu, voie de l'évolution, croissance spirituelle, destinée ultime.

-la matière : est tout ce qui est physique constituer d'atome

-l'esprit : tout ce qui touche la pensée et certaine pensée déguisée en sentiment
-l'âme : sentiment essence de vie

Ces trois états ont pour effet la création de sept corps distinct imbriqués c des poupées gigognes

Sept corps distincts

1	PHYSIQUE	matière (constitué de molécule)
2	ETHERIQUE	énergie brumeuse et blanchâtre de 2 cm à 5cm (autour du corps physique un peu plus épais au-dessus de la tête)
3	ASTRAL aussi appelé émotionnel	véhicule de notre conscience, émotion, désir, rêve (C'est la réplique du corps physique mais de manière éthérée reliée en permanence par le cordon d'argent)
4	MENTAL	création imagination (un peu plus petit que le corps physique) Mental inférieur : relation corps astral Mental supérieur : influence du corps causal
5	CAUSAL	en relation avec l'âme, l'inspiration, l'intuition, la méditation(en lien avec notre karma)
6	supra mental appelé communement BOUDDHIQUE	éveillé vivant intégration corps causal, relation guide spirituel
7	DIVIN	corps directement relié avec le plan de dieu

Source internet

1 LE CORPS PHYSIQUE

Le **cordon d'argent** est un lien énergétique reliant le corps physique et le corps astral. Imaginé un fil d'alimentation connecté à un appareil électrique si celui-ci est débranché l'appareil est hors fonction, nous pouvons comparer cela avec le corps physique et le cordon d'argent s'il est rompu le corps est sans vie. Il n'est plus relier à l'alimentation divine.

L'interaction de ces sept corps se traduit sur le corps physique par des réactions énergétiques à mouvement conique et circulaire appelés chakra.

Le corps physique est alimenté énergétiquement par sept chakras principaux (sur 12 majeurs) correspondant à l'emplacement de sept glandes endocriniennes.
Tableau correspondant à la fonction principale des chakras

CHAKRA	NOM	EMPLACEMENT	NOTE	COULEUR	SPIRIT	ORGANE	ACTION	GLANDES
1	RACINE	BASE entre organe sexuel et anus	DO	ROUGE	racine de l'être centre de la maîtrise centre de la libido abondance pouvoir	relation avec organe sexuel reins vessie colonne vertébrale défense de l'organisme	sexualité stabilité sensualité sécurité	gonades
2	SACRE	environs cinq centimètre en dessous le nombril	RE	ORANGE	siège de l'instinct centre contrôle des forces inconscientes fécondité enthousiasme énergie sexuel émotion émotion sensation	intestin organes génitaux organes surrénale	reproduction créativité joie	surrénales
3	PLEXUS SOLAIRE	juste en dessous du sternum	MI	JAUNE	feu solaire maîtrise des sens appétits physiques sagesse harmonisation	pancréas estomac système système nerveux sympathique foie rate	digestion pouvoir expansivité croissance	ilots de langerhans (cellules pancréas)
4	COEU R	PLEXUS CARDIAQUE au niveau du cœur sur le sternum	FA	VERTE	siège de l'amour conscience revitalisation maîtrise des émotions	cœur foie circulation sanguin thymus	amour compassion circulation passion piete	thymus
5	GORGE	au niveau de la gorge	SOL	BLEUE	centre entrée des énergies cosmiques connaissance intellectuelle communication expression équilibre	glande thyroïde poumons gorge glandes salivaires langue	communication pensée fluide indépendance sécurité	thyroïde parathyroïde
6	TROISIEME OEI L	sur le bas du front entre les deux sourcils	LA	INDIGO	clairvoyance intuition volonté maîtrise subconscient	glande hypophyse système nerveux yeux oreilles glandes lacrymales cervelet	hypothalamus intuition clarté méditation	Hypophyse < épiphyse
7	COURONNE	au dessus de la tête	SI	VIOLET BLANC	douleur émotivité stress faim soif sommeil température activité spirituel cerveau pensant matière grise	glande du cerveau organique hypothalamus thalamus glande pinéale	méditation conscience universelle existence Unité (à travers la - Conscience - transcendantale)	Épiphyse < hypophyse

La résultante de l'action et du rayonnement des chakras crée un halo lumineux de forme ovoïde qui entoure le corps physique du non d'aura.
Celle-ci peut avoir des altérations de forme, de couleur selon l'état de santé de la personne. Le magnétiseur agit donc sur les chakras, l'aura et certains corps, en apportant ou modulant de la matière éthéré et de l'énergie.

Et qu'est-ce que la matière éthérée ?
Matière non physique ayant une condensation vibratoire très légère, selon le dictionnaire Larousse éthérée: léger, impalpable, aérien.

2 L'ESPRIT

Le fonctionnement de l'esprit travail sur trois critères

1- la logique

2- l'intuition

3- l'émotion naturelle divisée en cinq parties

- la peine = l'amour est affecté par un événement
- la colère = réponse violente à une attaque de l'amour
- l'envie = besoin d'amour non acquis
- la peur = mise en danger de l'amour
- l'amour = besoin naturel

Si ces cinq émotions ne sont pas gérées correctement ou bien si elles sont mal assimilées, il se crée un déséquilibre

émotion	**conséquence**	**si non assimilé**
peine	dire adieu quand on ne veut pas	dépression chronique
colère	non merci	rage
l'envie	volonté de vouloir	Jalousie
peur	prudence	panique
amour	amour	possessivité

Pour gérer correctement ces émotions il faut apprendre à maîtriser son esprit, et pour ne pas tomber dans les travers de l'esprit(ego) il faut acquérir la pleine conscience.

La peur et la culpabilité sont nos ennemies alors que l'amour et la conscience sont nos amis.

Quelques pensées bouddhiques ainsi que d'autre peuvent nous aider à trouver le chemin.

L'estime de soi est très importante pour évoluer et cela passe par le fait de s'aimer soi même, pour pouvoir aimer les autres tout en faisant attention de ne pas tomber dans le piège de l'ego qui se traduit par de la vanité arrogance ext.
Lorsqu'on tend la main aux autres le soi commence déjà à perdre de sa rigidité.

La confiance en soi est la puissance de la création sans elle pas de rêve qui se matérialise, c'est la certitude d'être capable de pouvoir créer c'est la Foix en sa bonne étoile en l'avenir .

LE LACHER PRISE

Il faut vivre au maximum l'ici et maintenant. Il faut arrêter de gâcher sa vie en voulant tout contrôler, les solutions ne sont pas forcément celles que l'on pensait ou désirait. Elles surviennent souvent ou nous ne les attendions pas.
La vie nous apporte les solutions, même si souvent ce n'est pas ce que nous imaginions...

La pensée du manque alimente l'expérience de ce dernier, croyez en votre plénitude et vous ne serez plus à la quête de vous même.

DOREEN VIRTUE

LA PLEINE CONSCIENCE

Ce qui traverse notre attention sculpte notre cerveau.
Par conséquent contrôler notre attention pourrait être le moyen le plus efficace de façonner notre cerveau donc notre esprit.
Nous pouvons exercer et renforcer l'attention comme n'importe quelle autre capacité mental.
La pleine conscience est l'attention correctement contrôlée.
La pleine conscience apporte vision profonde et sagesse.

RICK HANSON

S'il n'existe pas d'exutoire à un problème il est absurde de sombrer dans la dépression. Si notre esprit est angoissé, c'est parce que nous ne désirons ni la souffrance ni la douleur. Mais si nous nous laissons submerger par elle et sombrons dans la dépression cela ne fera que l'accroître. Lorsqu'un malheur s'est déjà produit, il est préférable de ne plus s'en préoccuper, ainsi nous n'y ajouterons pas.
Ne pactisez pas avec ce qui s'est passé en vous y appesantissant et en l'accentuant. Contentez-vous d'abandonner le passé à ses sortilèges et transportez-vous dans le présent, en prenant les mesures nécessaires pour éviter que de semblables souffrances ne se reproduisent maintenant et à l'avenir.

A chaque individu incombe la responsabilité de réduire la négativité des situations auxquelles il se trouve confronté.
Chaque événement présente de nombreuse facettes positives et négatives. Si vous privilégiés uniquement les aspects négatifs nous ne cesserons plus d'y penser, au risque d'être submergés par l'accablement.

DALAI LAMA

Si un souvenir malheureux revient souvent à votre mémoire injecté lui à chaque fois une association positive si infime soit telles, à la longue le souvenir sera moin douloureux (arracher les mauvaises herbes et planter des fleurs) intensifiez les aspects positifs de cette expérience tout en reléguant le négatif à l'arrière plan. Le but étant de diminuer la charge émotionnel peu à peu. S'imprégner du positif ne consiste pas à afficher une mine réjouie en toutes circonstances, ni à se détourner des moments difficiles de la vie, il s'agit d'entretenir le bien être, la satisfaction et la paix intérieure, qui sont des refuges d'où l'on peut toujours partir et ou l'on peut toujours revenir. Chaque fois que vous vous imprégnez du positif, vous bâtissez une petite portion de structure neuronale, en vous y mettant plusieurs fois par jour pendant des mois voir des années, vous changerez progressivement mais considérablement votre cerveau, vos sensations et vos actes. Il est bon de s'imprégner du bon. C'est un moyen de développer les émotions positives, qui ont de nombreux bienfaits sur la santé physique et mentales.

RICK HANSON

Quand nous avons des problèmes dus au monde extérieur, si notre esprit prend l'habitude de ne voir que la souffrance qu'il nous causent ou leurs cotes négatifs, le plus petit malheur produira en nous de grandes souffrances. Car il est dans la nature des choses que si nous laissons libre cours à nos concepts que ce soit ceux de souffrance ou de bonheur, la sensation douloureuse ou plaisante qui les accompagne s'en trouve par là intensifiée. Cette expérience négative prenant de plus en plus d'ampleur, il vient un moment ou presque tout ce que nous rencontrons nous rend malheureux, ou nous n'avons plus jamais l'occasion de connaître le bonheur. Si nous ne nous rendons

pas compte que ce qui est en cause, c'est la façon dont nous vivons les choses, et si nous mettons tous nos problèmes sur le compte des circonstances extérieures, les phénomènes négatif habituels tels que la haine et la souffrance deviendront de plus en plus fréquents. On dit alors que «toutes les apparences surgissent sous forme d'ennemis.»
Cessons de voir les circonstances néfastes comme négatives et efforçons nous par tous les moyens de nous habituer à les considérer comme favorables. Car le caractère plaisant ou déplaisant des choses dépend entièrement de la façon dont notre esprit les perçoit.

DODRUPCHEN

Les inquiétudes dont on ne s'inquiète pas perdent leurs pouvoir de nous tourmenter.

TULKU THONDUP

L'amertume(esprit amer)émet des mauvaises vibrations polluantes cette négativité infeste les autres personnes et la planète. L'antidote est la reconnaissance qui émet des essences positives. La pensée du manque alimente l'expérience de ce dernier.

ALLAN KARDEC

Les sentiments positifs calment le corps, apaisent l'esprit, créant une barrière de protection contre le stress et encouragent les relation de soutien, réduit la malveillance et amplifi la bienveillance

RICK HANSON

Mettez de la joie dans l'instant présent, peu importe ce que l'instant semble apporter, car la joie est qui vous êtes et qui vous serez toujours

Ce que vous pensez, vous le créer,
Ce que vous créez, vous le devenez,
Ce que vous devenez, vous l'exprimez,
Ce que vous exprimez, vous en faites l'expérience,
Ce que vous en faites l'expérience, vous l'êtes,
Ce que vous êtes, vous le pensez »

Donc changé votre manière de penser si ce que vous êtes ne vous convient pas.

RICK HANSON

Tu n'obtiens pas toujours ce que tu demandes, (car tu ne le demande pas correctement) mais tu reçois toujours ce que tu crées, la création suit la pensée, qui suit la perception.

RICK HANSON

LA COMPASSION

Éprouvez d'abord un sentiment d'amour sain envers vous-même, prenez soin de vos besoins et de votre bien-être réel, et accueillez la joie à bras ouverts lorsqu'elle surgit en vous. Appréciez ceux qui vous sont proches, prenez soin d'eux, faites l'expérience directe de ce qu'est la générosité, au lieu de vous contenter de mots ou de vagues sentiments. Graduellement, vous pourrez donner à votre sentiment une dimension plus vaste.

Éprouvez de la compassion ne veut pas dire se faire du souci. La compassion, c'est une sagesse et une bienveillance sincère.
Le souci, à l'inverse, prend sa source dans l'attachement. Il sape notre force et notre capacité à aider autrui.

Souvent, lorsque nous aimons quelqu'un, nous nous faisons du souci pour lui, C'est la réaction inévitable de notre esprit ordinaire. Si vous le pouvez, aimez sans vous faire du souci. Si vous ne le pouvez pas, ne vous souciez pas de vos soucis. Voyez-les sous un jour positif, en pensant : « Je suis préoccupé parce que j'aime cette personne, mais la meilleure attitude est la bienveillance. »
Quand on appréhende les soucis sous cet angle positif et en y trouvant motif de réjouissance, leur effet négatif est transformé en énergie constructive.

TULKU THONDUP

L’instinct de possession n'est pas une bonne chose mais cela est humain.
Vous devez apprendre à aimer quelque chose ou quelqu’un sans esprit de possession, respecter leurs droits d’individualité.
Aimez quelqu'un de plus en plus, votre amour se fait de moins en moins possessif.
Aimez son prochain plus que soi-même.

Vouloir véritablement ce faire du bien, c'est aspirer à vivre chaque moment de l'existence comme un moment de plénitude, c'est vouloir atteindre un état de sagesse, affranchi de la haine, du désir égocentrique de la jalousie et des autres poisons mentaux.
Un état qui n'est plus perturbé par l’égoïsme et qui s'accompagne d'une bonté prête à s'exprimer a l’égard de tous ceux qui nous entourent.
La bonté de l'homme est une flamme qu'on peut cacher, mais qu'on ne peut jamais éteindre.

La souffrance est le résultat de l'ignorance.
C'est donc l'ignorance qu'il faut dissiper, et l'ignorance en essence c'est l'attachement au moi et à la solidité des phénomènes considéré comme une entité toute puissante qui nous entraîne à vouloir ce qui est désirable et à repousser ce qui ne l'est pas.
Ce qui provoque une fracture entre moi et autrui. De là naissent des pensées et émotions perturbatrices qui construisent nos souffrances. Si la colère vous agresse apporté la sensation inverse la patience, le désir recherché la non attente, remonté à la source de la pensée pour en décrypté sa futilité. Être exigeant avec soi-même et tolérant envers autrui. Il faut inciter chaque moment de l’existence pour accomplir sa transformation intérieure pour ne pas gaspiller un seul instant de notre précieuse vie.
La compassion est le désir de soulager autrui de sa souffrance, l'amour ou la bienveillance est le désir d’amener autrui au bonheur.

DALAI LAMA

AUTRES PENSEES

La Sagesse

Quand vous écouterez avec la même indifférence les injures et les compliments, vous pourrez croire alors que vous aurez fait des progrès dans la vertu.

Pardonner est un acte de libération qui permet de s'affranchir du ressentiment, de l'envie que l'autre soit puni et souffre à son tour.

Le catalyseur qui permet de passer de la croyance à la connaissance, c'est l'expérience.
Quelque soient vos épreuves savourez votre temps sur terre et écoutez très attentivement votre moi intérieur, si l'on ne peut changer le passé, on peut changer la façon de le percevoir.
Si je pense avoir tout pour être heureux et que je ne le suis pas, c'est que je me suis trompé sur les causes du bonheur et de la souffrance. Un changement même infime dans notre façon de gérer nos pensées et d'interpréter les circonstances extérieures peut considérablement transformer la qualité de notre vie.

MATTHIEU RICARD

Le pouvoir de la méditation

Avec la pratique de la méditation l'esprit au lieu de se fragmenter continuellement en une multitude de pensée et de courir sans contrôle après le passé et le futur, devient plus stable. Au bout d'un certain temps, la concentration s'améliore et méditer devient plus facile. Apprendre à vivre dans le moment présent et à en jouir conduit à la compréhension de la nature ouverte et du temps au delà du temps. L'attention permet de trouver la paix en soi même.

TULKU THONDUP

SE SENTIR PLUS EN SECURITE

1 Détendez votre corps: relaxation

2 visualisation : imaginez une bulle protectrice ou une personne, un lieu ou autre ou vous serez sous protection en sécurité.

3 Se rapprochez des gens qui vous soutiennent : le fait être ou de pensez d'être en bonne compagnie active une sensation d'intimité qui vous aidera a vous sentir plus en sécurité, la proximité physique et émotionnelle est une nécessité vital.

4 Appliquez la pleine conscience a la peur : l'anxiété, l'effroi, l'appréhension, l'inquiétude et même la panique ne sont que des états mentaux comme les autres. Reconnaissez la peur lorsqu'elle survient, observez le sentiment qu'elle provoque et ses efforts pour éveiller l'inquiétude en vous, et voyez la changer et poursuivre son

chemin. Notez que la conscience qui contient la peur n'est elle même jamais effrayé. Séparez vous sans cesse de la peur. Reprenez place dans le vaste espace de la conscience, que la peur traverse tel un nuage.

5 Invoquez des protections intérieurs : faite appel a cette voie intérieur qui vous aide et vous soutien.

6 Soyez réaliste : la plupart des peurs sont excessives tachez de voir le monde clairement sans déformation, confusion ou sans attention sélective(le bouddhisme considère l'ignorance comme l'origine fondamentale de le souffrance) les études ont démontré qu'évaluer une situation plus justement entraîne plus d'émotion positives. Le simple fait d'agir et d'avancer est réconfortant et améliore généralement les situations.

7 Sentiment sécurisant : entretenez votre sentiment d'attachement sécurisant de vos contact passé.
8 Trouvé refuge : en trouvant refuge dans une personnes, un lieux, des souvenirs, des idées et idéaux, tout ce qui offre un sanctuaire et protection a nos yeux, on évite de réactiver certaines situations et inquiétudes et l'on fait le plein d'influence positives

RICK HANSON

3 L'AME

L’âme conçoit, le mental crée, le corps ressent donc chérissons notre âme car les pensées sont des formes d’énergie très subtiles mais extrêmement puissantes.
La fonction de l’âme est d'indiquer son désir et non de l'imposer, la fonction du mental est de choisir ses possibilités, la fonction du corps est d'agir de ce choix.

Lorsque corps, mental et âme créent ensemble dans l'harmonie et l’unité, dieu ce fait chair.

C'est alors que l’âme se connaît elle-même dans sa propre expérience.

L’égoïsme ne fait que des perdants, il nous rend malheureux et nous faisons à notre tour le malheur de ceux qui nous entourent. Le plus grand cadeau de notre existence est le partage du pouvoir de notre créateur, vous avez été faits à son image et à sa ressemblance. C'est cette destinée que vous êtes venus accomplir et non pour lutter ce battre et ne jamais y arriver. Croyez à la bonté de la création c'est à dire à votre soi sacrée.
Laissez votre âme s'exprimer donner de l'amour de la joie de la compassion même si les circonstances ne sont pas facile vous en ressortirez grandi et heureux.

Pour arriver à cela il existe des points de repère, des consignes, des lois.

Consignes des âmes pour son élévation

- Aucune action qui fasse souffrir un autre ne mène à une évolution rapide

- Aucune action engageant quelqu'un d'autre ne peut-être entreprise sans son consentement et sa permission.

En plus de ces deux consignes il existe deux lois de l'univers très importantes :

- Loi de l'attraction

Comme son nom l'indique cette loi fonctionne comme un aimant, elle attire automatiquement tous ce qu'une personne pense, dit ou fait. Elle crée les circonstances pour que cela se matérialise, que ce soit bon ou mauvais.
Concentrer vous sur ce que vous voulez et non sur ce que vous ne voulez pas, la pensée crée et l'émotion accélère le processus.
L'homme à un pouvoir de création, ainsi sur le plan matériel qui est plus dense, il faudra plus de temps pour que les pensées se concrétisent alors n'abandonner pas, croyez, laisser le temps aux choses pour éclore.

Tout est possible avec la foi de vos convictions.
Vous n'êtes pas une victime de la vie, mais un créateur, il suffit d'y croire.

- Loi de cause à effet

On ne subit pas la vie, on la fait avec nos choix car dans l'univers tout n'est que vibrations et résonances.
Tout est déjà là dans l'immatériel. Ce n'est qu'une question de temps avant que ces désirs n'apparaissent dans notre réalité, la foi est la vitesse de réalisation.
Toutes actions apportera dans le futur un effet en retour qu'il soit bien ou mal et souvent amplifié.
Comme le dit le dicton qui sème le vent récolte la tempête (on ne peut récolter des carottes si l'on sème des choux).

Nous arrivons au point crucial de la mort et de l'inconnu, comment tout cela se transforme-t-il ? Existe-t-il encore quelque chose après la mort ,y a-t-il autre chose après la mort ? une autre vie ?

État d'être entre vivant et mort

Quel est la différence entre un être vivant et un être mort ?
Proposition tableau :

Vivant	Corps matériel Corps physique	Mental Esprit	Âme Ame	= Etre Terrestre
Mort	Corps changé (ou modifié) Périsprit	Mental Esprit	Âme Âme	= Masse Energétique

A la mort, la mémoire du corps physique change de masse énergétique et devient éthéré, celui ci forme un nouveau véhicule que l'on peut appeler périsprit. A ce moment-là, toute pensée devient une création immédiate.

A la mort physique lors du passage dans le tunnel chaque âme à un taux vibratoire diffèrent et suivant ce taux, plusieurs états ou niveaux d'existence ce forme.

- Il arrive parfois que des âmes passent par un lieu pour les guérir de leur vie terrestre (hôpital des âmes).
- Lors du décès, certaines personnes refusent ce passage pour divers raisons ou ne savent pas qu'elles sont décédé.
  Ces âmes restent alors bloquées sur terre le temps nécessaire pour être libérées. Nous leurs donnons le nom de fantômes, ou entités ?

Bien que cela soit douloureux pour les personnes restantes lors de décès, et afin d'aider les défunts, il est préférable d’en faire le deuil pour éviter de les retenir inconsciemment sur terre, car cela retarderait les moments de sérénités qu’ils vont trouver dans l'au delà.
Enfin, il est important de « régler » les problèmes familiaux avant les décès, car après la mort ils perdurent et sont transmis aux générations suivantes de façon inconsciente.

KARMA et REINCARNATION

L'âme à le savoir de la création et s'incarne dans la matière pour faire des expériences(ou application de savoir), pour cela l'esprit sert d'intermédiaire, de relais avec le corps physique.
Pour que cela puisse se passer correctement, il y a un voile d'oubli qui cache l'au-delà depuis notre naissance et pendant notre incarnation.
Ainsi dans notre vie incarnée nous sommes comme à l'école. Nous faisons nos expériences avec nos réussites et nos ratés.
A la fin de notre vie terrestre nous avons des acquis qui seront assimilé lors de notre mort mais aussi des bévues. Nous sommes donc amenés à revenir pour reprendre les erreurs et faire d'autres expériences.
La réincarnation s'effectue alors avec son lot d'épreuves que l'on appelle karma. Certaines maladies ou états karmiques s'expriment souvent par la peur, la colère, la vengeance, la culpabilité.
C'est pour cela que la vie nous replace constamment face à des circonstances analogues, et ceci tant que nous n'aurons pas maîtrisé en nous ces réactions excessives ou erronées. Quelques soient les épreuves que nous avons à passer sur terre, elles ne seront jamais insurmontables. Chaque épreuve est adaptée à notre capacité d'évolution et de développement.

L'histoire qui nous pousse à redescendre dans un corps de chair est toujours une histoire de retrouvailles. Retrouvailles avec un ensemble d'événements et de personnes mais surtout avec soi.

DANIEL MEUROIS

Les expériences des vies antérieurs réussies ne sont pas repassées elles sont acquises. C'est le Darma.
Les expériences non satisfaisantes ce replacent alors sur un processus similaire d'épreuve pour épuré le karma

Etapes des épreuves :

- le remord
- le repentir
- la réparation

Ainsi les morts se purifient de leurs vies passées avant une éventuelle réincarnation, d'où le voile pendant le passage sur terre.
Quand l'esprit a fini une épreuve, il a la science et ne l'oublie plus. C'est une expérience acquise. Il ne sera plus mis dans des circonstances analogues, il pourra passer alors à d'autres expériences et continuer son évolution. Il peut rester stationnaire s'il le désir un certain moment mais ne régressera pas.
le but de ce processuce est l'évolution de l'ensemble des âmes sur terre en science et moralité

Processus d'élévation

Le divin est présent partout et en chaque créatures, les formes et les manifestations sont extrêmement variées car dieu se révèle à tous les échelons ou manifestations possible, (ainsi les formes crées apparaissent que sur leurs degrés de développement) elles (Ces formes :arbres, plantes, pierres...) ne peuvent consciemment qu'éprouver, vivre et supporter que la force créatrice divine donnée. Car éprouver et vivre consciemment une force signifie être cette force, et en même temps, l'irradier dans toutes les directions, et donc également dans son propre corps.

Par conséquent le corps doit posséder la force de résistance correspondante sinon les radiations du soi le brûlent et le détruisent. Si le nombre des vibrations de cette force dépasse l'étendue d'une octave, cela devient mortel.
La composition chimique de la matière détermine le taux vibratoire d'un corps et ce qu'il peut supporter.
Dans le monde matériel, il existe quatre échelons de manifestations, les minéraux, les végétaux, les animaux, les hommes.
Chaque niveaux de manifestation est caractérisé par son propre degré de conscience, toujours une octave plus haut.
Soit pour quatre manifestations un ensemble de sept octaves reparti comme suit.

- Le Minéral le premier échelon est le 1er octave : le niveau inférieur de la conscience (contraction, refroidissement, durcissement).
- Le Végétal le deuxième échelon est le 2nd octave : il inclut le minéral + la conscience qui donne vie à la matière (recherche, prise et assimilation de nourriture).
- L'Animal le troisième échelon est le 3ème octave : il inclut le minéral + le végétal+ la conscience des instincts des besoins, des sentiments, sympathies, désir, âme.
- L'Homme moyen le quatrième est le 4ème octave : il inclut le minéral + le végétal+ l'animal + la conscience de l'intellect, la faculté de penser consciemment(les 4 premiers octaves correspondent aux 4 premiers échelons du monde matériels)
- L'homme créateur est le 5ème octave : dans sa progression a partir du 4eme octaves l'homme doit faire des grands pas pour atteindre le niveau supérieur aussi bien dans l'intellectuel que dans l'émotionnel. Il

doit élever sa conscience pour passer au-dessus des effets pour atteindre celui des causes tout en maîtrisant les dérives de l'ego (peur, jalousie, compétition, ressentiment, victimisation, vengeance, rancune, ext). Celui qui n'est ni envieux, ni jaloux, ni avare, ni ambitieux(cela ne veux pas dire ne pas avoir de projet), n'aura pas les tourments qui naissent de ces défauts.
Il puise dans la source divine le plan causal et le manifeste dans sa conscience qui se traduit par l'intuition qui peut se réaliser par des métiers artistiques ou autres. C'est l'équilibre entre la matière, l'esprit et l'âme ou ce manifeste les cinq octaves des forces matérielles, végétales, animales, mentales et causales. Cette étapes est extrêmement longue, on doit maîtriser toutes les facettes de l'intellect et de l'émotionnel pour pouvoir aboutir à la sagesse, donc progression en science(intelligence) et moralité.
(l'intelligence est un attribut essentiel de l'esprit, mais l'un et l'autre se confondent dans un principe commun, de sorte que l'on pense que c'est la même chose.)

- L'homme prophète est le 6ème octave : il maîtrise les cinq niveaux précèdent et a conscience de l'échelon supérieur, celui de la sagesse divine et de l'amour universel. il ne s'agit pas de l'amour du niveau animal pour la survie de l'espèce mais celui qui donne toujours et ne prend jamais, qui n'a besoin d'aucun complément. Il irradie et illumine depuis la conscience. Les hommes à ce niveau ne désirent pas posséder, ils se sentent un avec le tout infini.
- L'homme dieu est le 7ème octave : il s'agit de l'homme qui par une conscience parfaite manifeste son propre soi divin dans toute sa perfection. En lui, vit et vibre les vibrations et les fréquences originelles non transformées comme le fit Jésus-Christ. Il irradie. L'homme seul sur terre peut maîtriser et radier toutes les sept octaves, pourtant il ne pourra le faire que lorsqu'il en sera devenu conscient. En l'attente ses

centres nerveux correspondant resteront latents temps que sa conscience ne s'élèvera pas. Ce n'est donc qu'en apparence seulement que la matière des corps humains aux différents stades du développement semble être la même. En réalité, ils sont composés de différents éléments chimiques dont la résistance correspond toujours au degré d'évolution de l'esprit qui les habite.

Deux lois découlent de ce processus :

- La loi de la matière : la matière est la résistance. La matière est la concentration, le refroidissement, et le durcissement.
- La loi de l'esprit : l'esprit est la vie, le rayonnement, le don et le désintéressement.

L'homme à la faculté d'incarner consciemment ces deux lois.
Il est le maillon entre le monde spirituel et le monde matériel.

Ordre divin
Ordre angélique

ORDRE DIVIN

Le seul but de l'âme est de s'élever près du divin.
Pour cela, les vies terrestres successives sont utilisées par notre esprit pour évoluer et cette évolution pourrait être apparenté en 3 ordres différents

- 3ème ordre :

Essentiellement mauvais, dans cet ordre il y a une prédominance liée à la matière, ignorance, orgueil, égoïsme, méchanceté

10	**esprits impurs**	discorde, défiance, perfidie (diable) bas astral
9	**esprits légers**	ignorant, malin, inconséquent, moqueurs(lutins,gnomes,farfadets)
8	**esprits faux savants**	croient tout savoir, mélange quelques vérités avec beaucoup d'erreurs (présomptueux, orgueil, jalousie)
7	**esprits neutres**	matérialiste, ni bon ni mauvais peuvent faire les deux, (condition vulgaire de l'humanité en grande partie de ce niveau)
6	**esprits frappeurs et perturbateurs**	peuvent appartenir de la 10ème à la 6ème classe près de la matière

- 2ème ordre :

Prédominance de l'esprit sur la matière, désir du bien, connaissance de dieu et de l'infini.

5	**esprits bienveillants**	bonté, rend service aux hommes et les protègent, sens moral
4	**esprit savants**	étendu des connaissances scientifiques pour utilité sans passions.
3	**esprits sages**	qualité morales plus élevé sans avoir des connaissances illimités, capacité intellectuelle qui leurs donnent un jugement sain sur les hommes et les choses.
2	**esprits supérieurs**	science, sagesse, bonté, supériorité intellectuelle, morale absolue.

- 1er ordre :

Influence de la matière nulle, supériorité intellectuelle, morale absolue.

	classe unique	dépouillé de toutes impuretés de la matière, perfection messager et ministre de dieu, aident à perfectionner et assignent les missions (anges, archanges, séraphins)

Karden

ORDRE ANGELIQUE

Se sont des Êtres spirituels n'ayant jamais connu l'incarnation terrestre. Ils ont des tâches bien définies.

3ème sphère
Les Anges : les plus près des humains
Les Archanges : veillent sur les humains de façon supérieur nous en avons tous un qui nous aide(detail au paragraphe suivant)
Les Principautés : anges gardien des communautés

2ème sphère
Les Puissances : porteur de la conscience de l'humanité
Les Vertus : diffuse l'énergie divine sur la planète
Les Dominations : gouvernent les activités angéliques intégration des mondes spirituel et matériel.

1ère sphère
Les Trônes : gardiens des planètes.
Les Chérubins : gardiens de la lumière et des étoiles.
Les Séraphins : régulent le mouvement des cieux.

Différents esprits nous côtoient dans la vie courantes issue de ces 2 groupes ordre divin et ordre angélique, selon nos propres croyances, cultures, religions

Le Royaume angélique : ce sont les êtres n'ayant jamais vécu de vie incarnée terrestre : archanges (à l'exception de métratron et sendalphon), anges, fées, esprit de groupes d'animaux.
Ce sont nos **guides spirituels**, ils nous apportent ce qui est nécessaire pour accomplir notre raison d'être. (mission de vie ?)

Le Royaume spirituel : les maîtres ascensionnés sont des êtres ayant vécu des vies terrestre ou ailleurs Jésus, Bouddha, Sainte Marie, Sainte Thérèse, Mahomet, Quan yin, Gandhi, Ganesh, etc.
Ce sont nos **guides de vie**, ils nous orientent dans la bonne direction.

Les Esprits protecteurs : plus communément appelé Anges gardiens, ils sont de nature supérieur pour nous protéger.

Les Esprits familiers : ils sont limités dans leurs actions. Ils doivent avoir la permission des esprits protecteurs pour travailler.

Les Esprits sympathiques : similitude de genre et de sentiments aux êtres incarné subordonné aux circonstances.

Les Esprits imparfaits : ils ont une sensibilité perverse et mauvaise leurs ténacité envers les hommes est en raison de l'accès plus ou moins facile sur l'être incarné. (mauvaise pensée, haine, mauvaise estime de soi, ext)

Liste non exhaustive de nos guides de vie et spirituel

Archanges ;

chaque homme à au moins 1 archange en relation direct avec lui en voici une liste non exhaustive

Ariel :	rayon rose pâle pierre quartz rose, nature et manifestation physique.
Azrael :	couleur rayon jaune très pale pierre cristal de calcite jaune crème, ange de la mort, aide à la peine lors de décès, aide au passage des défunts.
Camael :	rayon couleur rose, amour divin, conciliateur, amour de vie, diplomate et médiateur.
Chamuel :	rayon couleur rose pierre rubis paix mondial et autre aide à trouver conseil et orientation.
Gabriel :	rayon couleur blanc, pierre cristal citrine apporte communication, aide à l'adoption, pureté des intentions, message divin, clarté des actions, artiste et créateur.
Haniel:	rayon couleur bleu pâle aide dans la vie et don de clairvoyance
Jeremiel :	rayon couleur violet foncé pierre améthyste, clairvoyance et bilan de vie, aide à retirer les vielles rancœur et mauvaise pensée.
Jophiel :	rayon couleur jaune, sagesse, réflexion, hautes pensées, embellissement de la vie, étudiant, instructeur.
Metatron :	couleur rayon violet rayon vert pierre tourmaline melon d'eau, aide aux enfants indigo et cristal, aide à découvrir la valeur de nos actes, projets, et vocation a connu la condition humaine.
Mickael:	rayon couleur bleu, apporte force, courage, protection, volonté divine, action, audace, estime de soi, leader et dirigeant.

Raguel : couleur rayon bleu claire pierre aigue marine, aide à l'amitié.

Raphael: rayon couleur vert, pierre émeraude et malachite apporte guérison, santé, abondance, prospérité, scientifique, conseille, guidance, thérapeute et banquier.

Raziel : rayon couleur arc en ciel pierre cristal de quartz, mémoire karmique et guidance.

Sendalphon : rayon couleur turquoise pierre turquoise transmet vos prières à dieu, aide à vivre ses dons en pleine conscience, profondeur de l'âme a connu la condition humaine

Tsadkiel : rayon couleur violet bleu indigo pierre lapis lazuli, transformation, alchimie, transcendance, rythmes invocatoire et liberté, mystique, alchimiste, élévation vers la lumière, mémoire des messages sous forme répétitives.

Uriel : rayon couleur or et rubis, pierre cristal d'ambre apporte lumière, paix, amour familiale, vocation entraide fraternelle, pacificateur, association aide, sagesse, famille et missionnaire.

MARIE LISE LABONTE

Maîtres ascensionnés

Liste non exhaustive

El Morya (Rayon bleu) est le Chohan de premier rayon, qui encourage les gens à utiliser la volonté divine plutôt que la volonté basse. Il travaille en association avec l'Archange Mickael. Sa tâche consiste à aider tous les êtres vivant sur Terre pendant ce temps des grands changements. El Morya Khan un Mahatma tibétain. Il ascensionna sous ce nom en 1898 et continua d'enseigner à des théosophistes comme Nicolas Roerish et son épouse Héléna. kuthumi était un des membres fondateur de "Knights Templar ", qui gardait les secrets anciens et qui protégeait les pèlerins. Comme Pythagore il a introduit la géométrie sacrée, la numérologie, les mathématiques et la musique des sphère. Il est le portier (gardien) des mystères occultes anciens. Il est le co-protecteur avec l'Archange Mickael du Sacré Graal, qui est la recherche mystique de la découverte de soi et de la maîtrise de soi. Il est le patriarche de la Fraternité de la robe d'or, symbole de l'équilibre de l'esprit, du corps et des relations.

Paul le Venitien(rayon rose) a modifié sa position pour devenir le Chohan du troisième rayon, le rayon de l'intelligence et de l'activité créatrice. Il aide à déclencher la science, la sagesse et la connaissance pratique et il aide également les personnes à créer des travaux artistiques avec un avantage durable pour l'humanité. C'est Maître Paul qui introduit des couleurs pastel plus douces, qui portent des fréquences plus élevées. Dans les années 1540 durant sa dernière incarnation, le grand peintre décorateur de fresques porteuses du message de l'amour du Christ dans les églises italiennes a apporté l'énergie divine par des couleurs glorieuses, Maître de l'amour, de la beauté et de la tolérance. Il enseigne la compassion, la patience et la persévérance, la douceur et le don de soi. Il aide les médiateurs, les arbitres et les conciliateurs ainsi que tous ceux qui œuvrent par amour .Sa retraite est située au Sud Est de la France et la Marseillaise est la musique qui résonne à sa vibration.

Serapis Bey(rayon blanc) a déménagé à la position de Chohan du quatrième rayon, rayon de l'harmonie et de l'équilibre. Son nouveau rôle est d'établir la guérison au niveau le plus haut de la médecine, ceci comprenant l'utilisation des vagues de son et des lasers. Il encouragera également la façon de penser et la façon d'apprendre de l'âge du Verseau. Maître de la pureté et des créations artistique. Aide les artistes et les musiciens. il est le maître incontesté des élèves désirant s'élever dans la lumière. Durant le sommeil des candidats à l'ascension qui choisissent de le rencontrer avant de s'endormir, il enseigne comment vivre en plénitude dans le moment présent et à élever ses vibrations vers ce qu'il y a de meilleur et de plus haut.

Hilarion (rayon vert)reste pour l'instant comme Chohan du cinquième rayon, rayon de la science, de la sagesse et de la connaissance. Il travaille afin de stimuler la compréhension de la science et des technologies pratiques aussi bien que la connaissance occulte pour le Nouvel Age. Il aide ceux qui souhaitent devenir des clairvoyants ou des canaux de plus haute vibration. Il enseigne le don de guérison et le pouvoir du troisième oeil. il s'incarna comme Hilarion, un ermite grand guérisseur christique et exorciseur. Hilarion aide à la préparation des âmes afin de recevoir le cadeau de guérison de l'Esprit Saint.Sa retraite éthérique s'appelle le Temple de la Vérité et est située au-dessus de l'île de Crète en Grèce.Maître de la vérité, du développement scientifique, de la création par le son et la musique et de la guérison. Il aide les médecins, les chercheurs et les inventeurs ainsi que tous les musiciens.

Lady Nada(Madame Nada)(rayon or et rubis),seule Chohan féminin, Lady Nada, pris la succession de Jésus/ Sananda comme maître du 6ème rayon en 1959. Elle donne le don des langues humaines et le pouvoir du verbe divin et du channeling chez ceux qui sont plein d'amour. Elle supervise la rencontre des flammes jumelles, des âmes soeurs et des familles qu'elle protège à leurs demandes. Elle supervise le nombre des naissances et veille à l'éducation des enfants qu'elle protège particulièrement. Du temple de Jésus, situé au Moyen Orient, elle instruit sur l'amour, sur l'apaisement des émotions, la maîtrise des passions et des désirs. Nada signifie `rien, sans ego'.Le retraite éthérique de Maître Lady Nada est située au-dessus de l'Arabie Saoudite.Maître du ministère et du service. Elle assiste les prêtres, les missionnaires, les guérisseurs, et tous ceux qui s'occupent des enfants, des opprimés et de la nature. Elle enseigne la diplomatie, la courtoisie et l'éloquence.Elle réveille les mémoires des anciens techniques de la guérison et la sagesse sacrée. Elle aide les personnes intégrées à développer leur intuition et leur connexion aux énergies hautes de voyance/médiumnité .

Jesus était le Chohan du sixième rayon et il partage toujours la position avec Lady Nada. Sur le plan intérieur, Il est connu comme Sananda. Il est un des douze fils\filles de Dieu et est le seul à s'être incarné sur notre planète.Il fut un Essene pendant sa vie en tant que Jésus et il est devenu un grand prêtre dans l'ordre de Melchizedek. Il fut spécialement préparé avant sa naissance et pendant sa vie à devenir le Christ de l'Age. Quand il fut prêt à prendre l'énergie du Christ cosmique, Maître Maitreya a travaillé à travers lui. Sa vie en temps que Jésus fut la seule dans laquelle l'énergie entière d'âme est venue sur Terre.

St Germain (rayon violet) le rayon violet qui nous a apporté la flamme violette de la purification. C'est le rayon de rituel, cérémonie, magie et le rayon de l'âge de verseau. Saint Germain est le grand gardien de la Flamme Violette et le maître incontesté de l'alchimie. Il ascensionna en 1684 mais revint encore une fois au 19ème siècle en Europe sous le physique de Saint-Germain pour empêcher la révolution et enseigner la démocratie. Mais paré de nombreux talents, il était plus considéré comme un amuseur que pris au sérieux par les rois. Il devait fonder les états-unis d'Europe. N'y étant pas parvenu, il s'occupa alors de créer les Etat-Unis d'Amérique.Ses retraites éthériques sont situées au-dessus de la Transylvanie en Roumanie et Table Mountain au Wyoming aux Etats Unis. Maître de l'alchimie, de la précipitation, de la culture, du raffinement de la purification et de la diplomatie.

Abundantia et Aeracura: finance

Apollon : voyance

Moise : surmonter peurs et doutes

Padre pio : guérison

INTERNET

Conseil pour travailler dans les énergies divine

-être patient et confiant
-croire en sa faculté à se développer
-être humble, avoir de l'humilité et la travailler
-rester centré dans son cœur
-bannissez le doute
-acceptez votre être
-avoir un bon ancrage
-ressentez de la gratitude
-maîtrisez votre mental
-travaillé avec son cœur et ses ressenti
-purifiez vos pensées 'surveillez et travaillez les car la plus part assombrissent et épuisent votre champ énergétiques
-Demander de l'aide à vos guides pour purifiez vos motivations
-Faite vous des protections et des nettoyages

Mises en garde

Pour la médiumnité les défunts ne viennent que s'ils le souhaitent ou s'il ont un message à faire passer et non l'inverse. Le spiritisme peut dérangé certain esprit (mort) voir être en relation avec des esprits du 3ème ordre bas astral.
Donc toujours travailler dans la plus grande prudence et avec de vrai professionnel (DANGER : tourner les tables,oui ja)

Il existe aussi des autres manifestations du au groupe et pensée collective des humains

égrégores : forme pensée collective

hologramme : reflet mis en image d'une croyance collective qui s'est structuré avec les siècles voir millénaire

mémoire des murs: trace puissante qui c'est fortement imprégné dans son environnement(murs, meubles, objets, lieu....) suite à une décharge émotionnelle très violente(accident, meurtre, champ de bataille...) pouvant apparaître sous certaine circonstance de manière hologramme

Maître

Quelque humain on une certaine évolution par rapport aux autres il peuvent servir de guidance tout en les observants pour voir s'ils appliquent se qu'ils disent

Un maître est
la définition du soi « et non découverte de soi
une croissance « et non apprentissage
un état être « et non faire pour être

Les maîtres véritables sont ceux qui ont choisi de créer leur vie, plutôt que de la gagner,

Ayez des préférences mais aucun besoin

Quelques références d'ouvrages :

Le livre des esprits: Allan Kardec
Le livre des médiums : Allan Kardec
Ce que les morts nous disent : Raynald Roussel
Conversation avec dieu : Neal Donald Walsch
L'infini pouvoir de guérison de l'esprit : Tulku Thondup
Développez vos facultés psychiques et spirituelles : Serge Boutboul
Comment percevoir et agir sur les mondes subtils qui nous entourent : Serge Boutboul
Naître à soi: Jean Claude Genel
Les familles d'âmes : Marie Lise Labonté
Le secret : Rhonda Byrne
Le cerveau de bouddha : Rick Hanson
Les maladies karmiques : Daniel Meurois
Plaidoyer pour l'altruisme : Matthieu Ricard
Comment parler aux anges : Lucinda M Gabriel
Anges et archanges : Presse parisienne de publication
Un cœur sans limites : Bokar Rimpoché
Initiation : Elisabeth Haich
aux origines de la sagesse julia hung
S'entrainer à l'auto hypnose au quotidien:jean doridot intereditions
communiquer et guerir avec les anges : doreen virtue
messages de vos anges : doreen virtue
le pendule:stephane allaeys

Quelques définitions

« ***Périsprit*** » est un mot inventé par Allan Kardec dans son ouvrage fondateur du spiritisme : *Le Livre des Esprits*. Ce mot désigne à la fois l'énergie corporelle d'un être vivant et l'enveloppe d'un esprit après le décès. De ce mot est parfois dérivé l'adjectif « périspritique »[1].

Printed by Books on Demand GmbH, Norderstedt / Germany